Nietzsche

Heinrich Mann

Nietzsche

TRADUÇÃO Maria Aparecida Barbosa e Werner Heidermann

Copyright © 1992 Aufbau Verlag Berlin und Weimar
Todos os direitos reservados a S. Fischer Verlag GmbH, Frankfurt am Main.
Copyright da tradução © 2017 Três Estrelas – selo editorial da Publifolha Editora Ltda.

Todos os direitos reservados. Nenhuma parte desta obra pode ser reproduzida, arquivada ou transmitida de nenhuma forma ou por nenhum meio sem a permissão expressa e por escrito da Publifolha Editora Ltda., detentora do selo editorial Três Estrelas.

Título original *Nietzsches Unsterbliche Gedanken*

EDITOR Alcino Leite Neto

EDITORA-ASSISTENTE Rita Palmeira

PRODUÇÃO GRÁFICA Iris Polachini

CAPA Mateus Valadares

FOTO DA CAPA Friedrich Nietzsche (1844-1900) em foto feita em Basel, em 1875 | Pictures from History | Bridgeman Images

PROJETO GRÁFICO DO MIOLO Mayumi Okuyama

EDITORAÇÃO ELETRÔNICA Jussara Fino

PREPARAÇÃO Carla D. Fortino

REVISÃO Carmen T. S. Costa e Cacilda Guerra

Dados Internacionais de Catalogação na Publicação (CIP)
(Câmara Brasileira do Livro, SP, Brasil)

Mann, Heinrich, 1871-1950.
 Nietzsche/Heinrich Mann; tradução Maria Aparecida Barbosa e Werner Heidermann. – São Paulo: Três Estrelas, 2017.

 ISBN 978-85-68493-34-2

 1. Filosofia alemã 2. Nietzsche, Friedrich Wilhelm, 1844-1900 3. Nietzsche, Friedrich Wilhelm, 1844-1900 – Crítica e interpretação I. Título

16-08990	CDD-193

Índice para catálogo sistemático:
1. Nietzsche: Filosofia alemã   193

Este livro segue as regras do Acordo Ortográfico da Língua Portuguesa (1990), em vigor desde 1º de janeiro de 2009.

TRÊS
ESTRELAS

Al. Barão de Limeira, 401, 6º andar
CEP 01202-900, São Paulo, SP
Tel.: (11) 3224-2186/2187/2197
editora3estrelas@editora3estrelas.com.br
www.editora3estrelas.com.br

Sumário

6 **Apresentação**
Nietzsche na visão de um escritor *Werner Heidermann*

16 A glória póstuma

22 Como ele via a si mesmo

30 A limitação

38 Wagner

48 Seu cristianismo

54 A transvaloração

62 A afirmação

72 A simplicidade

82 Eterno

93 Notas da edição brasileira

Apresentação

Nietzsche na visão de um escritor
Werner Heidermann

A gênese do ensaio *Nietzsche*, de Heinrich Mann, abrange três momentos. O primeiro é a sua publicação original, em alemão, em 1939, na revista bimestral *Mass und Wert*,* editada em Zurique, na Suíça, por Thomas Mann e Konrad Falke. Uma das mais de quatrocentas "revistas de exílio" entre 1933 e 1945, *Mass und Wert* (Medida e valor) se autodenominou uma publicação "para a cultura alemã livre". Apesar da sua vida curta – durou de setembro de 1937 a outubro de 1940 –, obteve grande renome e reconhecimento.

A prova mais clara disso, e ao mesmo tempo um dos motivos de seu sucesso, é a riqueza intelectual da sua equipe de colaboradores – entre eles, Walter Benjamin, Ernst Bloch, Hermann Broch, Max Brod, Alfred Döblin, Hermann Hesse,

---

* O ensaio foi publicado no volume 3, ano II, jan./fev. 1939, pp. 277--304. [N.T.]

Alfred Einstein, Ödön von Horváth, Federico García Lorca, Hans Mayer, Robert Musil, Ignazio Silone e Jean-Paul Sartre. Esse colégio seleto (aliás, formado exclusivamente de homens) representava boa parte do elenco principal da literatura da época. A propósito, vale a pena lembrar aqui mais algumas das revistas de exílio daquela época sombria, como *Aufbau, Das neue Tagebuch, Die neue Weltbühne, Die Sammlung, Das Wort*. Esses periódicos eram impressos em Paris, Amsterdã, Moscou, Praga, Haifa (Israel), na Cidade do México e mesmo em Santiago, no Chile (*Deutsche Blätter*).

Mass und Wert era uma das revistas mais prestigiadas de então e ainda hoje é uma das mais pesquisadas pelos historiadores do período. Vários livros tratam exclusivamente dessa publicação, como *Mass und Wert: die Exilzeitschrift von Thomas Mann und Konrad Falke* (1996), de Thomas Baltensweiler, e *Thomas Mann und die Exilzeitschrift "Mass und Wert"* (2004), de Thore Rothenburg.

Assim Baltensweiler descreve uma das premissas dessas revistas: "Para os autores, o fato de viver no exílio significou a obrigação de se manifestar sobre assuntos políticos". Isso, porém, era menos concludente do que parece: Thomas Mann, por exemplo, em seus primeiros três anos de exílio não se manifestou politicamente com o ardor que caracterizaria as suas falas dos anos 1940. Ele se distanciou da tendência da revista *Die Sammlung*, que contava com colaborações mais enfáticas e engajadas, e sua participação como idealizador de *Mass und Wert* também significou um reposicionamento a respeito da importância e do papel da mídia de exílio durante o período nazista. Além de Thomas Mann (1875-1955), atuaram na revista como colaboradores seu irmão Heinrich Mann (1871-1950) e seus filhos Klaus (1906-1949) e Golo Mann (1909-1994). Este foi também um dos editores da publicação, ao lado de Emil Oprecht, a partir de novembro de 1939.

É de se supor que, para um leitor ou um autor que vivesse durante os anos do nazismo, fazer críticas ao regime sempre significava assumir um alto risco – mesmo fora da Alemanha. Com seus agentes e espiões espalhados por toda a Europa, o nazismo observava rigorosamente as atividades dos intelectuais no exílio, como comprovam, por exemplo, documentos sobre a atividade do serviço secreto de Hitler na Suíça. Além disso, qualquer atuação política na Suíça colidia com a postura de absoluta neutralidade do país – mesmo uma manifestação antifascista em forma de poema era proibida. Em 10 de maio de 1933, quando os nazistas queimaram os livros de muitos autores alemães e estrangeiros num macabro ritual que eles chamaram de

Aktion wider den undeutschen Geist (Ação contra o espírito antialemão), entre as obras lançadas às chamas estavam as de Heinrich Mann.

É importante dizer que Heinrich Mann não foi tão somente o irmão mais velho de Thomas Mann e que Golo Mann não foi simplesmente um dos filhos do autor de *Doutor Fausto*. Um e outro eram intelectuais de primeira grandeza e muita independência. Pouco conhecido, aliás, é o fato de que o nome completo do escritor era Luiz Heinrich Mann – a sua mãe era a brasileira Júlia da Silva Bruhns (1851-1923). Sabemos que Golo tinha uma relação mais cordial e menos neurótica com Heinrich do que a que manteve com o pai – fato digno de menção, já que foi o próprio Heinrich que, elogiando a formação e o conhecimento de Golo, recomendou o sobrinho ao irmão Thomas para a função de editor da revista.

Em uma carta de 26 de março de 1938, Golo Mann parabeniza o tio Heinrich pelo ensaio sobre Nietzsche que seria publicado no ano seguinte e escreve: "As referências à atualidade foram no caso de Nietzsche inevitáveis, como elas quase sempre o são; como nós gostaríamos de ler alguma reflexão que não estivesse relacionada ao Terceiro Reich!". Isso ocorreu cinco anos depois do início da era nazista, às vésperas da Segunda Guerra Mundial.

Foi quando se publicou este ensaio, que nós, agora, no começo do século XXI, podemos ler com a tranquilidade propiciada pela distância histórica e com o conhecimento privilegiado do leitor *post factum*.

O segundo momento da gênese do ensaio está relacionado à iniciativa do editor Alfred O. Mendel de publicar em 1939 a Living Thoughts Library, portentoso projeto de divulgação do pensamento de grandes filósofos na forma de coleção, que mais tarde seria lançada em vários países. Montaigne, Pascal, Rousseau, Darwin e Freud foram alguns dos pensadores que tiveram textos seus reunidos na coleção, e o próprio Thomas Mann chegou a organizar o volume com escritos de Schopenhauer.

Foi Golo Mann quem selecionou os excertos de Friedrich Nietzsche (1844-1900) para a Living Thoughts Library. E o texto anterior de Heinrich Mann foi por ele adaptado para servir como introdução à coletânea e intitulado simplesmente "Nietzsche". Na edição da Longmans, Green and Co. de Nova York e Toronto, recebeu o título *The living thoughts of Nietzsche, presented by Heinrich Mann*. No mesmo ano (1939), a editora Correa, de Paris, lançou a tradução francesa: *Les pages immortelles de Nietzsche choisies e expliquées par Heinrich Mann*. O livro foi também publicado na Dinamarca, Noruega, Holanda, Grã-Bretanha e Bulgária.

O terceiro momento da gênese é a publicação do volume em alemão: *Nietzsches unsterbliche Gedanken. Eingeleitet von Heinrich Mann, ausgewählt von Golo Mann* (Os pensamentos imortais de Nietzsche, apresentados por Heinrich Mann e selecionados por Golo Mann), editado por Wolfgang Klein para Aufbau Verlag, em 1992. Essa edição alemã tem o mérito de identificar e relacionar algumas das inconsistências textuais que aconteceram no decorrer do tempo e na transposição de manuscritos e versões. Seguem alguns casos que comprovarão como é essencial se basear em um texto confiável antes de analisá-lo e também de traduzi-lo. O parágrafo que em português começa desta maneira: "Uma inserção, talvez como protesto: Montaigne..."; bem como o parágrafo seguinte: "O mesmo Montaigne..."; e também o parágrafo que se inicia com: "É inimaginável efeito mais impactante já na primeira entrada em cena..." – todos eles não constam do artigo publicado originalmente em *Mass und Wert*, mas fazem parte do manuscrito de Heinrich Mann encontrado há apenas poucos anos em meio ao legado do escritor Lion Feuchtwanger, em Pacific Palisades, na Califórnia.

O texto manuscrito – que serve de base a esta tradução brasileira – fala em "uma outra metafísica" (*"eine andere Metaphysik"*), ao passo que o que consta em *Mass und Wert* se restringe a dizer *"eine Metaphysik"* ("uma metafísica"). Também na revista aparece a expressão *"ein falsches"*, em vez de *"ein flaches"*, como está no manuscrito, modificando o contexto da frase "da qual ele não fazia a menor ideia, por superficial que fosse" (que, na revista, aparece assim: "por errada que fosse").

Uma última curiosidade. Em *Mass und Wert*, lemos: *"unheimlich gerade durch die Maße seiner Zukunft"* ("inquietante precisamente pelas medidas do seu futuro"), ao passo que, no manuscrito, está escrito: *"unheimlich gerade durch die Masse seiner Zukunft"* ("inquietante precisamente pelo vasto futuro que tinha à sua frente", como nesta tradução). *Maß/Mass/Maass* (plural: *Maße/Masse/Maasse*) são três grafias diferentes do substantivo alemão que significa em português "medida, proporção" – diferente do substantivo feminino *Masse* (plural *Massen*), que significa "massa". Esse é um exemplo curioso devido ao fato de que o "ß" (que não existe mais na grafia do alemão na Suíça, onde Thomas Mann residiu até 1938) e o "ss" costumam servir como equivalentes gráficos, mas podem gerar interessantes ambiguidades semânticas e graves mal-entendidos.

Heinrich Mann é o conhecido autor de *Professor Unrat oder Das Ende eines Tyrannen* (*O anjo azul ou O fim de um tirano*), romance que publicou em 1905 e foi adaptado em 1930 para o cinema pelo diretor austríaco Josef von Sternberg, que lançou a estrela Marlene Dietrich. Mas sua importância não se limita a esse livro hoje mítico. Ele também escreveu, entre outras obras, *A pequena cidade* (1909), *O súdito* (1918), e dois romances sobre o rei Henrique IV, *Die Jugend des Königs Henri Quatre* e *Die Vollendung des Königs Henri Quatre*, respectivamente de 1935 e 1938, que são considerados muito representativos da literatura de exílio durante o nazismo. Foi um autor muito fecundo, e não atingiu maior fama porque permaneceu por muito tempo à sombra do irmão mais novo, o autor de *A montanha mágica*. São características da sua obra o firme espírito antifascista, a crítica ao tradicionalismo burguês e, quase como fio condutor de seu trabalho, a nítida influência da obra de Nietzsche, cuja filosofia Heinrich conhecia profundamente desde a juventude.

Heinrich Mann deu ao seu ensaio o título "Nietzsche" – sem acrescentar nenhuma restrição, nenhuma delimitação, nenhuma explicação. Ao esboçar a sua rica imagem do filósofo, ele o fez com a liberdade que é própria ao ensaio, liberdade que é o "clima" e o "alimento" desse gênero, como diz o professor Massaud Moisés. Sabemos que o ensaio se faz a partir da perspectiva pessoal e mesmo íntima do autor, dispensando a metodologia científica e o rigor acadêmico. Apesar disso, Heinrich Mann propõe uma estrutura textual relativamente rígida em "Nietzsche", a partir de títulos que fazem uma síntese do pensamento do filósofo: usa substantivo com artigo definido, substantivo com artigo possessivo, construção frasal quase completa, um nome próprio, aliás o nome: Wagner. "A glória póstuma", "Como ele via a si mesmo", "A limitação", "Wagner", "Seu cristianismo", "A transvaloração", "A afirmação", "A simplicidade", "Eterno" são os títulos, os aspectos-chave da interpretação nietzschiana empreendida por Heinrich Mann. A estrutura geral é toda bastante equilibrada, e o ensaio trabalha todos os temas na mesma abrangência em matéria de quantidade e de intensidade.

Convidamos para a leitura de um ensaio importante e impactante, embora nem sempre simples de ler. Nele, Heinrich Mann não somente analisa a complexidade de Nietzsche, mas também reflete sobre a influência que recebeu da obra do filósofo que ele considerava a figura-guia de sua criação literária.

Werner Heidermann atua como professor de língua e literatura alemãs na Universidade Federal de Santa Catarina, em Florianópolis.

A glória póstuma

Cinquenta anos após a interrupção de seu trabalho e quase quarenta depois de sua morte, um pensador e escritor permanece vivo. Nietzsche fez este mundo, que cada vez menos se interessa pelo passado, ocupar-se dele próprio como se estivesse sempre presente. Um escritor não se faz presente pelo reconhecimento que a posteridade dedica à obra que ele nos legou, incorporando-a historicamente. O número de adeptos e imitadores nada atesta a respeito do trabalho e da fecundidade de um autor. O que é importante, então? Que sua obra continue a crescer e a modificar-se depois de sua morte, e do além ele siga conduzindo-a ao seu termo. No caso de Nietzsche, sua obra não está, de modo algum, parada no ponto em que a encontramos no passado, quando éramos bem jovens e ele ainda vivia.

Sua obra é terrível – e, em vez de nos fascinar como antes, tornou-se ameaçadora. Naquela época, ela parecia justificar a nós mesmos, que a entendíamos, inclusive em seus excessos, conforme as inclinações de nosso espírito. Com alegria confiávamos no individualista radical, no inimigo do Estado – antes ser um anarquista que um cidadão devoto do Reich. Em 1890 e nos anos seguintes, essa era uma postura de independência pessoal. Assim nos preparávamos para nossas próprias tarefas, e esse filósofo nos era muito bem-vindo. No topo da sociedade que ele postulava, Nietzsche colocou o espírito orgulhoso – por que não a nós mesmos? Abaixo de nós, vinham o rei, os aristocratas, os guerreiros e, por um bom tempo, mais ninguém. Que jovem de vinte anos precisa ouvir isso duas vezes? A autoconfiança vem antes de qualquer desempenho; geralmente ela é exaltada antes de se consolidar; no decorrer do trabalho, torna-se mais modesta para ficar mais sólida.

O filósofo de modo algum apreciou seus primeiros leitores. Ele não queria ser instrumentalizado pelos jovens; e eles não tinham conhecimento disso ou o ignoravam. Os mais moços acreditavam ter facilmente superado o cristianismo, que tanta preocupação causava a Nietzsche. "Superar" era o lema dele. Os jovens superavam mais animados que ele a moral cristã. Era uma incógnita o que viria depois. Seus primeiros leitores jovens, que foram poupados do perigo, da severidade, do sacrifício, mantiveram-se interiormente tão afastados quanto possível, sem jamais considerar a era de ilegalidade e guerras que estava por vir. Para o próprio Nietzsche, a experiência era desconhecida, do contrário não a teria evocado. Ele conhecia os campos de batalha do espírito e, no fundo, não queria conhecer outros. Entretanto sua obra – se não o pensador – possuía o caos, além do impulso capaz de desencadeá-lo. E ela continuou viva graças à sua sabedoria, à sua grandeza. Foi preciso uma personalidade pura e rigorosa como a dele para que não somente o exemplo nobre, como também o viés falso, horrível, de sua doutrina crescesse quando o autor não estivesse mais aqui. Almas impuras não obtêm bom êxito, nem mesmo pelo viés falso.

Os grandes livros possuem uma vida que a pessoa que os escreve não é capaz de mensurar nem prever. Eles sabem mais que o autor. Criam por si sós, estendem-se para além do ponto aonde o autor poderia ir. Fazem de homens e coisas o que ele não pretendia fazer, embora o exigissem suas profundidades ocultas. Em um estranho dia, então, os livros se tornam o contrário inquietante da própria natureza do autor. Bom e aconselhável seria retornar ao próprio autor. Seguir o rastro de Nietzsche, redescobri-lo, significaria de fato lê-lo novamente com os nossos olhos de vinte anos, no ineditismo de seu pensamento e na pureza de sua glória. Nos dias em que sua glória apenas começava, assim como seu leitor. Ambos eram claramente inequívocos, leitor e glória. O primeiro carecia de todas as condições, a outra ainda não tivera consequências. Não se pode esquecer que nossos conhecimentos poderiam intensificar-se à medida que sua obra e sua glória crescessem para além de seu túmulo.

Como ele via
a si mesmo

Com ou sem razão, ele se julgava único. Qualquer um pode pensar isso de si, e sempre terá motivos para tanto. E, se ele se autodenomina o primeiro espírito do século, pode ser que seja verdade. O século teve mais de um único espírito elevado; ele não foi capaz de conhecê-los nem obrigado a tanto. Marx, que ao que tudo indica ele não leu, deve ser para ele uma sombra na eternidade. Um grande êxito em vida somente pode ser medido em relação ao grande êxito que se lhe opõe.

Nietzsche queria ser o homem que superaria o século XIX. Ele assumia com toda a consciência a tarefa de ser um pensador entre dois séculos. A segunda metade do século XX finalmente deveria compreender, conforme dizia, quem ele fora. Foi justamente isso que se tornou duvidoso: a primeira metade do século se precipitou em abusar dele. É muito difícil para ele, depois disso, evitar a época em que a posteridade toma distância de um pensamento e de uma personalidade. Ser esquecido, isso ele não precisa temer. Teve de fato a ousadia inédita de questionar tudo o que manteve o Ocidente do planeta coeso em termos morais desde o tempo em que o mundo pagão ruíra. Não há como voltar atrás depois de tal audácia. Sem mencionar a "transvaloração" que lhe era cara, sua contribuição foi aprofundar o questionamento sobre a moral dominante.

Ele sabia que não bastava quebrar as tábuas da lei; é preciso quebrá-las frequentemente e durante muito tempo. Mais indicado seria substituir as velhas por novas. Nietzsche quis fazê-lo. Não indagou da necessidade disso nem sequer se sentiu motivado a perguntar. Para ele não é a necessidade que decide sobre o homem, mas a ordem do legislador. Somente este precisa ser o mais forte. Nesse sentido o filósofo se via como legislador. Cognição, legitimação, exposição não levam a nada; o triunfo do pensador se resume a dar ordens. Resta, no entanto, ser realmente o mais forte, o que em sua imaginação ele de fato era, mas no longo prazo, em muito longo prazo. Por isso ele então se autodenominava legislador somente para os seus.

Não foi por fraqueza nem por condescendência que ele assim o fez. Duvidava e fazia da dúvida uma parte significativa de seu orgulho. Sem a dúvida, não seria verdadeiramente esse homem implacável, como se julgava. E também não seria sem as contradições. Com razão ele atribuía muita importância às suas contradições. Na realidade, escreveu mais em honra do cristianismo do que para desonrá-lo: mensurando-se a profundidade em vez da amplitude, descobre-se onde o coração palpita. O que declarava como sua doutrina provinha das suas contradições intrínsecas. Mais ainda, ele lutou por isso contra sua própria natureza. A sua autossuperação era sincera e séria, o que quer que pensasse estar superando. Ele era zeloso de seus frutos, não cedendo a ninguém, sem testar, suas verdades desenvolvidas a tanto custo. À prova estavam as verdades e quem se arrogava a professá-las. Nenhum contemporâneo de Nietzsche se postou diante dele como seu juiz. No final das contas, suas verdades se apresentavam a ele somente porque constituíam uma obra que deveria perdurar. Ele, em pessoa, deveria durar eternamente por meio de sua obra.

Eis o surpreendente caso de um homem que se sente imortal; nisso tivera antecessores, embora estes acreditassem em Deus. Personalidades da mais alta esfera – a mesma que a dele, como julgava – sempre consideraram necessária uma sobrevivência *post mortem* para assegurar a perduração no mundo. Nietzsche é o primeiro, até agora o único, que se ergueu, sozinho, para reivindicar ao mundo que o declarasse eterno. O pensador entre dois séculos tinha convicção de que não estava inaugurando uma era efêmera: estava comandando todo o futuro do planeta. Com isso ele tinha motivo suficiente para se chamar o último homem. O "além-do-homem" que ele ensinava lhe aparecia somente como uma sombra. Com incomparável lucidez vislumbrava o último pensador, o último homem – ele mesmo, diante de quem se dispõem o tudo e o nada, a infinitude que a ele se submete e um jazigo que guarda o que lhe pertence. "Pode-se perecer pelo fato de ser imortal."[1]

Ele também dizia: "Sou um destino"; e foi primeiramente o seu próprio. Se o peso do destino que alguém assume por livre e espontânea vontade é prova de sua grandeza e perenidade, então ele verdadeiramente possui ambas. Jesus Cristo, a quem ele quis suceder, durou mesmo uma breve eternidade humana, e nunca esteve tão perto de sucumbir e de desaparecer como hoje. Porém, no início, Jesus Cristo garantia sua sobrevivência principalmente através do sofrimento em nome da humanidade, e essa é a resposta imediata a todo concorrente e sucessor. Nietzsche salvaria sua própria causa se o autossacrifício e a morte na cruz testemunhassem a presença do Filho do Homem entre nós. Mas, justamente, ele nega que crucificações constituam alguma prova. Mesmo assim levou adiante sua causa com a mesma paixão com que o fez outrora o filho de Deus, o conquistador da humanidade. Provavelmente, enquanto ainda andava pela Terra, Jesus Cristo não previu toda a amplitude de seu "grande êxito" e não confiou tanto nele. Por um tempo, tanto um como o outro foram somente o legislador dos seus. Resta saber quem cada um considerou "os seus".

Para o primeiro, eram os humildes e os necessitados; para o segundo, os sábios e os dominadores. Saber com quais se pode ir mais longe é uma questão em aberto. "Somente se alcança o grande êxito quando se mantém fiel a si mesmo",[2] diz Nietzsche, mas seu rival, e irmão, também seguiu esse princípio. O primeiro manteve firme a fé no além, o segundo, nesta vida. A crença no aqui e agora é ainda mais audaciosa que a outra. Se um deles foi um dia tomado por dúvidas, não foi absolutamente o Filho de Deus. Todavia, Nietzsche julgou possível que um dia o conhecimento dominasse o mundo. Nisso – somente nisso – consistem sua excelência e sua primazia. Desse modo ele se torna o fenômeno magnífico e, sem que seja blasfemo, pode sentar-se ao lado do Deus. Seria de fato divino alçar o conhecimento, entendido como um estado passional, a senhor do mundo. Nunca o mundo esteve mais distante disso do que hoje. Ele antecipou e se viu como o eleito.

Torna-se um ato heroico a crença na soberania do conhecimento caso se associe a essa crença tudo o que visivelmente a contradiz e a ela se contrapõe, a começar pelas próprias contradições. Essa fé se mantém por meio de superações do corpo e da alma; cresce com as privações, por mais duras que sejam, com a perda da saúde, dos laços sociais, das amizades e das fontes de calor humano. A fé no poder do conhecimento evolui inteiramente na solidão, quando é em si incondicional, um inóspito cume de gelo. Dali, veem-se os homens e as sobras de impiedosa arrogância que eles ainda carregam. Não estão à altura de nos lerem, e disso eles também se abstêm. Nem ao menos merecem nos elogiar. Para ter antagonistas e poder combatê-los, o isolado, o solitário, confere-lhes estatura; eles seriam limitados. Um homem!, essa é sua meta. Um homem, para com ele demonstrar a dignidade daquilo que se julga ser!

A limitação

Tudo isso seria completamente insuportável para o espectador e também para o organizador do espetáculo. Não se pode viver assim. Porém, pode-se apresentar dessa maneira. O horror que essa personalidade inspira é consideravelmente atenuado pelo fato de ela oferecer, entre outras coisas, um espetáculo. Nietzsche conhecia a si mesmo e tinha bons motivos para afirmar que o homem não deveria conhecer a si mesmo. Menos ainda deveria o mundo desvelá-lo. Ele tinha certo prazer em camuflagens, incluindo o uso de máscaras. Às vezes se mostrava vestido de maneira audaciosa. Era difícil imaginar em trajes leves um homem de disciplina rígida, de sinceridade implacável, um filósofo do poder. Eis aí alguém que desdenhou tanto a fraqueza como a compaixão – mas comoveu as mulheres, que adoravam seu discurso, por sua polidez e atenção. Anos mais tarde, ele beijou em público um pobre cavalo e fez curativo em uma gata ferida.

O que leva os iniciados a acreditarem nele? Sua aparência? Sua doutrina? Naturalmente, nem um nem outro. Mais importante é que ele se levava a sério, e como poderia não levar a sério a eternidade? Mas sem dúvida ele não se sentiu o tempo todo o autêntico herói da eternidade: apenas alguém que representava o papel do herói. No final da vida, falou do "bufão das eternidades",[1] referindo-se ao Nietzsche trágico. Na época ele não estava nem um pouco perturbado mentalmente, assim como não o estivera antes. Reconheceu qual era o seu papel, quando de todo modo já o desempenhara, e havia chegado a hora de tirar a maquiagem e retornar para casa. Isso não o torna de modo algum suspeito, ao contrário, mostra a sinceridade do homem, a qual, com sua contradição, está acima de qualquer suposta verdade.

"Definitivamente, eu não sou feito para a solidão",[2] confessou quatro anos antes de sucumbir a ela. A inimizades tampouco ele se sentia afeto. Desafiava e se distanciava, porque sua obra o demandava. Sua obra, que, para ser pensada e realizada, exigia dele o "*pathos* da distância": se fosse apenas por ele, jamais teria conseguido suportar o sofrimento ao lado dos seres humanos ou o alheamento em relação a eles. Assim, existem poucos homens cuja vontade de criar uma obra os torna capazes de qualquer sacrifício. Quem se deixaria persuadir pela própria obra de que valeria a pena se dedicar aos deleites criativos, tendo plena consciência de que nenhum enlevo poderia compensar sua vida arruinada? O artista, evidentemente, e, ao que tudo indica, somente ele. O ímpeto para criar sem visar à própria felicidade é privilégio de alguns artistas do mais alto nível.

Nietzsche tomava o conhecimento como um estado passional: da mesma maneira como alguns artistas o fazem – embora não haja muitos desses. Quanto mais ele progride, mais o pensamento se lhe transforma em êxtase, libertação, inspiração, alívio, dedicação, bem como a prova de sua força, a queda em um vício. Seu pensamento quase obtém o sentido de um ato físico de amor, o que pouco lembra a filosofia. Assemelha-se, isso sim, à realização de uma obra de arte – a qualquer custo, seja ela falsa, seja ela autêntica. Seu pensamento não precisa de validação externa, dispensa a confirmação da realidade. Conquista sua própria verdade e sua realidade para afirmá-las ante toda posteridade por meio de sua potência. A potência por si só determina o destino do artista e o que dele deve restar.

Um aspecto importante da capacidade é a forma: vide Nietzsche e seu orgulho em ter transformado tanto a língua alemã, em ter extraído dela a faculdade "de comunicar um estado, uma tensão interna do *pathos* mediante signos, inclusive o tempo de tais signos".[3] Não é pela ilegibilidade que atesta sua qualidade de filósofo alemão. Quem ele coloca ao seu lado em matéria de criação linguística? Heinrich Heine, o poeta, cuja satisfação eram o ritmo e a plasticidade, e que, quando lhe objetaram a falta de exatidão, respondeu: "Mas soa tão bem". Não é qualquer um que tem talento para admitir isso, ou o direito de fazê-lo. Todavia, como um exemplo entre muitos, leia-se o final do capítulo "Uma música sem futuro", do livro *Nietzsche contra Wagner*.

Começa assim: "Dentre todas as artes que podem crescer no solo de certa cultura, a música é a última a florescer entre todas as plantas, talvez porque seja a mais íntima e, por conseguinte, sucede por último – no outono da cultura a que pertence e no momento de declínio".[4] Isso poderia ser certo e errado. Não se aplica a Beethoven. Mas se aplica a Wagner, que, *a posteriori* e sob os auspícios de Nietzsche, foi compreendido como se fosse um desfecho, e não um início. A sua época, e nenhuma outra depois, "pode de fato atribuir uma glória repentina a uma arte como essa de Wagner, sem com isso garantir-lhe futuro".[5] Certo, mas o que se segue é impossível. "Os próprios alemães não têm futuro." Primeiramente, por que somente os alemães? Será que a época à qual Wagner conferiu solenidade crepuscular era uma época alemã? Wagner não é nem mesmo tido como um fenômeno alemão, mas europeu, em particular depois de Nietzsche. Ademais, como poderia um dos povos que constituem a Europa não ter futuro? Levada às últimas consequências, essa afirmação indicaria que Nietzsche filosofou no vazio e para nada. Mas a colocação é um ponto final do qual não se pode prescindir. Se ela não está correta, ao menos é eficaz, então tanto mais eficiente, porque uma afirmação inesperada soa ousada. "Os próprios alemães não têm futuro": a colocação tem, além disso, brevidade e contundência, o que reforça as reflexões anteriores e até agora talvez sem comprovação, impondo-as com os recursos da entonação e do gesto. Vejam só! Que artista!

Uma inserção, talvez como protesto: Montaigne, admirado e lido por Nietzsche, escreveu também o seguinte sobre a arte da palavra: "Os espíritos cultos [...] não trazem novas palavras à língua, mas enriquecem as que existem, atribuindo a elas mais peso e reforçando seu significado e uso, acrescentando-lhes movimentos incomuns, mas de maneira prudente e hábil".⁶ Nietzsche agiu exatamente assim. Os neologismos linguísticos *Schlechtweggekommene* [os-que-se-deram-mal] ou *Bildungsphilister* [filisteus burgueses] não são os melhores exemplos. São palavras compostas que a língua alemã propicia em toda e qualquer oportunidade, é preciso se deixar impressionar menos por elas.* Ele somou "expressões incomuns" ao acervo preexistente de palavras, um grande mérito. Ouve-se o alemão com os ouvidos mais apurados depois que se lê Nietzsche.

O mesmo Montaigne soube, aproximadamente em 1580, que, "considerando a variação contínua que sofreu nossa língua até hoje, ninguém poderá esperar que sua forma atual esteja em uso daqui a cinquenta anos. Ela escapa todos os dias de nossas mãos e, em toda a minha existência, já se alterou pela metade".⁷ Mas esses são pensamentos de um cético que não poupa a própria pessoa: duvida igual-

---

* Substantivos compostos são uma característica da língua alemã que facilita a criação de neologismos. A palavra *Schlechtweggekommene* resulta da combinação de um adjetivo/advérbio (*schlecht*, mau/mal) com um verbo (*wegkommen*, sair). O significado da junção de *schlecht* e *wegkommen* é similar à forma "não se dar bem", daí o sentido empregado nesta tradução: "os-que-se-deram-mal". A palavra *Bildungsphilister* provém da combinação de *Bildung* (cultura, educação) e *Philister* (filisteu). [N.T.]

mente de sua expressão e da durabilidade dela. Por isso, não são pensamentos para Nietzsche. A mutabilidade da língua simboliza a vida em transformação. Não é possível se manter novo por muito tempo, sempre se representa uma época delimitada; para os que vêm depois de nós não passamos de sobreviventes com reivindicações que o novo mundo finge não ver e leis que não compreende. Mas esses não são pensamentos para um legislador das eternidades, muito menos para um artista imortal.

Wagner

Um jovem intelectual conheceu um velho músico em 1868 e se rendeu a ele. A recíproca talvez não fosse possível. O músico trazia consigo uma obra colossal e uma glória universal. O jovem intelectual, na melhor das hipóteses, tinha seu gênio, àquele tempo ainda invisível. Desde o início não havia dúvidas sobre quem estava ali para venerar, ou seja, para servir. O que um homem designado como "mestre" [Meister], e que parece ter sido o primeiro a introduzir essa forma de tratamento na cultura alemã, tinha a esperar de um filólogo ainda em formação? Certamente que esse lhe transmitisse apenas conhecimentos e questionamentos que fossem interpretações apropriadas da obra colossal e somassem algo à sua importância. Wagner recebeu Nietzsche em sua casa no ano do primeiro encontro que tiveram. Para Nietzsche, essa visita em Tribschen, situada ao lado de Lucerna, foi sem dúvida o evento mais feliz de sua vida.

"Há muito procurava alguém que pudesse designar como um homem",[1] diria no final de sua breve existência.

Para Wagner, o jovem foi a princípio um conhecido agradável; quem sabe não lhe poderia ser útil mais tarde? Tinha uma conversa animada, não entediava e nunca perdia certa elegante cordialidade. O mestre, assim como os que trabalhavam com ele, não apreciava nem formalidade nem cordialidade, atitudes que tomam tempo; tanto mais da parte de um admirador tão apaixonado quanto terno e que se exprimia sobre música sem nenhum constrangimento. Admiradores vindos de outras áreas mais cedo ou mais tarde se tornam um incômodo; mas o jovem aparentemente não causava tal receio. Ele penetrava a fundo na obra colossal, como nenhum especialista era capaz, com isso atestando a Wagner a universalidade e a totalidade de sua obra. Nietzsche se tornou uma testemunha dessa obra ao escrever O *nascimento da tragédia no espírito da música*. De início Wagner objetou que o livro se referia muito pouco a ele. Mas isso mudou. À medida que avançava na leitura, o mestre não queria mais parar de ler. É preciso envelhecer para, afastado de todas as ilusões da glória, renascer no espírito de outro, inconteste e fiel.

O entusiasmo desse velho por seu admirador supera os limites do interesse pessoal. Ele está verdadeiramente perplexo e emocionado. "De minha parte, eu não entendo como tenho o privilégio de ler algo semelhante" – essas são as palavras que ele dirige a Nietzsche, diferentes das que em geral são usadas em agradecimentos. Uma experiência humana sublime, o aparecimento de um companheiro mais jovem e totalmente puro, tocou o velho para além da sua costumeira ambição e de sua necessidade de manter as pessoas cativas. Nessa única vez, ao escrever "Caro amigo!", ele não se pronunciou como representante de sua obra. "Caro amigo! Jamais li um livro tão belo quanto o seu." Isso vinha de um ser humano, de um coração experiente e solitário. Wagner jamais esqueceu o ocorrido.

Então, tudo foi se ensombreando, se perdendo, e os caminhos logo se separaram. Mais tarde, Wagner optou por agir como se, com o afastamento de Nietzsche, ele nada tivesse perdido, exceto um ser útil. Contudo, quando o mestre teve o pressentimento de que a morte andava por perto, a verdade veio à tona, e Wagner enviou um recado por intermédio da irmã do amigo perdido: "Diga a seu irmão que, desde que ele me deixou, estou só".

Não se pode imaginar efeito mais impactante já na primeira entrada em cena. De todas as honrarias propiciadas por O *nascimento da tragédia* ao seu autor, a maior delas era ter conquistado aquele homem a quem devia seu livro. Na opinião de Wagner, três pessoas vinham antes de todos os outros: sua mulher, que o amava; Nietzsche, "que sabe o que eu quero"; Lenbach, "que pintou meu retrato de modo exato e comovente". A enumeração deixa claro como é certo e seguro que ele relacionava os seus próximos de maneira exclusiva a si mesmo. Quanto a seu público, ele não conseguiu o mesmo; a audiência oscilava entre marés altas e baixas, nem mesmo um esforço redobrado deixava emergir um rosto das ondas. Entretanto uma imagem permanece tal como foi pintada; até mesmo uma mulher pode parecer estática, mas não um espírito. Sobretudo aquele espírito que Wagner preferiria ter mantido ao seu lado, que, no entanto, encontrava mais de um motivo para se distanciar dele. O primeiro motivo, justo e bom, foi a obrigação de fazer de si próprio um mestre.

Nietzsche havia considerado Wagner o inovador da cultura – ou, antes, desejara que ele o fosse. Para falar seriamente, era exigir demais de um músico que compunha para o palco. Teria algum pensador um dia escolhido a música para suas metas supremas? Ou a arte em si? O caso Nietzsche, não o caso Wagner, é único. Em geral não se pretende inovar a cultura de uma vez. Somente o artista autoconfiante, na grandeza do seu sentimento, expressa-se, na melhor das hipóteses, como Wagner: "Se o senhor quiser, agora tem uma arte alemã". Tão somente alemã, tão somente arte. Isso ainda era modesto em comparação à exigência de Nietzsche, e menos estranho que sua ideia. Na verdade, a arte vigora e caduca seguindo a sua respectiva sociedade, e suas premissas são de natureza comum: nem sua grandeza nem seu brilho deixam enganar quanto a isso. Wagner precisava da burguesia rica e estabelecida para o seu empreendimento em Bayreuth. Após o advento das massas proletárias, ninguém teria mais a ideia da ópera como um luxo burguês; tampouco depois do cinema falado.

Nietzsche tinha se deixado enganar e isso ele não perdoava. Sua paixão por uma música extraordinária e o pressentimento da própria vocação provocaram nele ideias sombrias e ideias inconsistentes; dessas últimas ele estava ao menos consciente antes de admiti-lo. Foi durante o primeiro Festival de Bayreuth que, parece, tudo ficou claro para ele. Toda a magnificência de um criador, no qual Nietzsche via a culminância da humanidade, tornou-se de repente teatro, e não do melhor. Foi sobretudo seu público, aquela burguesia com seu gestual arrogante, que levou a desmascarar o "dramaturgo". Teria Nietzsche preferido o povo? Antes fosse Wagner o homem que abriria para o povo a porta da sua casa. Que não se creia em nenhuma palavra dos que falam da conversão de Bayreuth. Se Nietzsche finalmente se revoltou, foi porque, ao contrário, sua receptividade à tempestuosa natureza do artista e à sua música tornou-se para ele uma tortura.

Quatro anos de dependência foram mais que suficientes. Aquele que ainda virá a ser não pode dedicar mais tempo a um contemporâneo, célebre, a ser deposto em breve. Mais tarde ele chamou seu mestre de homem velho e imutável. Mas quem se encarregaria de mudá-lo, se Wagner é justamente o ponto de partida do caminho de uma cultura renovada? Os planos que Nietzsche tinha em mente para Wagner eram incomparavelmente maiores do que os planos de Wagner em relação a Nietzsche. Com isso sua hostilidade se agravou e se manteve até o fim – como procede com o ódio que no fundo é amor, e assim sempre deve ser. Nenhuma outra música tocou Nietzsche tão profundamente. Todavia, sua "polidez de coração" lhe permitiu certas provocações enquanto a amizade dos dois externamente perdurava. Como provocação, ele colocou uma partitura de Brahms sobre o piano de cauda de Wagner. Foi sua última visita a essa casa, e Brahms não significava nada para ele.

Wagner chegou a considerar o silêncio de Nietzsche uma atitude de distinção, justamente a distinção de que ele sentia falta em si mesmo. "Uma coisa assim pode ter utilidade para alguém no mundo", disse, como se não tivesse sabido muito bem como dominar o mundo. Uma exclamação reveladora e também comovente. Nietzsche não se deixou comover. Seu último encontro com Wagner, em 1876, em Sorrento, trouxe-lhe a confirmação de que o velho homem, devido à sua posição, era capaz de tudo. No lugar das histórias pagãs que as pessoas não queriam ouvir, os alemães receberiam dele "algo cristão". Assim é que um artista, para manter as aparências, revela suas motivações impuras por pudor de desnudar as mais elevadas. Wagner, contudo, as mencionou ao amigo, falando de *Parsifal* como uma experiência cristã. "Antes, porém, compartilhava o ateísmo incondicionalmente", completou o amigo em particular. Nem mesmo a dedicatória de *Parsifal* – em que assinou "Richard Wagner, Sumo Conselheiro Eclesiástico" – abrandou o ânimo de Nietzsche; e ali estava um mestre que com ele se desculpava. Com um orgulho que gracejava humildemente de si mesmo, um gênio lhe rogava sua compreensão ainda uma última vez.

Em 1878, Wagner ridicularizou Nietzsche em uma publicação – uma desforra insignificante se comparada ao golpe que havia sido para ele o rompimento com aquele "que sabe o que eu quero". Foi o fim da relação. Da parte de Nietzsche, ela não durara esse tempo todo. Ele não concedeu mais que quatro anos à sua maior experiência humana. Senhor das novas eternidades, ele usava medidas curtas para as coisas terrenas.

Seu cristianismo

O livro *Aurora* contém no excerto "Desejando adversários perfeitos" uma justificativa do cristianismo que nenhum outro moderno alcança ou supera. Foi provavelmente escrita por causa da França, em retribuição às satisfações espirituais propiciadas ao pensador Nietzsche por esse país único e das quais ele nunca se arrependeu. Mas aquele que amava a psicologia e a dúvida de ilustres franceses era obrigado, por questão de mera honestidade, a admitir que outros franceses ilustres, muitas vezes os mesmos, haviam sido cristãos. Ele escreve: "Não se pode contestar aos franceses o fato de terem sido o povo *mais cristão* da Terra: não porque ali a fé das massas tenha sido maior que em outra parte, mas porque os ideais cristãos mais difíceis foram encarnados pelos homens e não se mantiveram mera ideia, esboço, fragmento".[1] Seguem os casos famosos: Pascal, Fénelon, os huguenotes, quietistas, trapistas e Port-Royal.

Isso permite concluir: Nietzsche não teria sido contra o cristianismo, ele não teria se achado no direito de conjurar o anticristo ou até mesmo encarná-lo, se as coisas fossem em todo canto como nesse país singular. Singular também em outros aspectos, como se vê agora,* e Nietzsche sabia antes dos outros. O que ele exigiu? Ser cristão com estrita seriedade, e não se declarar como tal sem necessidade. Quem não crê mais deve dizê-lo. Povos que jamais geraram cristãos de grande envergadura perdem ao final a capacidade de praticar sua confissão de maneira digna. Melhor seria se esses povos se calassem e se tornassem o que já são: povos ateus, homens sem Deus! Isso demanda coragem, segundo Nietzsche. A si – e a quem mais? – ele chama de "nós, os destemidos".[2] De si exige "pensar perigosamente", querendo dizer: sem Deus, tendo a verdade como moral.

Contudo, nesse entretempo, o século XIX se tornara tranquilamente ateu através da sua ciência materialista; com isso, já não considerava "perigoso" o pensar. Naquela época, cientistas e filósofos não precisavam negar solene-

---

* Heinrich Mann provavelmente se refere ao evento único do Front Popular, uma coalizão de esquerda que governou a França de 1936 a 1938, pouco antes da publicação deste ensaio. [N.T.]

mente o cristianismo, porque ele nunca os havia tocado profundamente. Os alemães tinham levado ao extremo a indiferença. É isso que destaca Nietzsche: seu ódio se dirige sem dúvida mais à tibieza que à fé. Julgava vergonhoso ignorar um acontecimento decisivo, o cristianismo, como se fosse possível apagá-lo sem mais nem menos, como se jamais tivesse existido. Homem afeito à profundidade e à paixão, ele desprezou absolutamente os ateus seus contemporâneos. Estes ignoravam o essencial: os instintos humanos, por meio dos quais Jesus Cristo outrora galgou ao poder, permaneciam na obscuridade, até que um Nietzsche entrou em cena.

Para ele, era de extrema importância restituir ao fundador do cristianismo sua grandeza original, enquanto lançava os alicerces de sua própria grandeza. O Filho do Homem atingiu sua vitória, segundo esse pensador, graças aos instintos dos enfermos e dos fracos, maus instintos, se nos fiarmos nele: hostis à vida, mas que a mantinham sob seu jugo. Como foi possível? Aconteceu uma "revolta dos escravos da moral", e os fortes, os nobres, os dominadores foram vencidos. Sua *Genealogia da moral* esboça a imagem magistral desse acontecimento. Trata-se de um livro à altura de sua ambição filosófica, difícil de ser questionado; não é possível encontrar uma análise mais fina nem um desmascaramento mais cruel. Inexplicada, senão ignorada, permanece até os dias de hoje a indagação sobre que espécie de milagre fez o triunfo da fragilidade não apenas durar por dois milênios, como também gerar novas ações, atos do espírito, incomparavelmente mais fortes que em percursos históricos anteriores. Além disso: tendo em vista que os chamados fracos e enfermos venceram, eram eles, de fato, fracos e enfermos? Os chamados fortes, que sucumbiam ou se transformavam, careciam de várias coisas para sua preservação. A natureza, que Nietzsche em princípio sempre defendia, legou uma variedade de exemplos disso, mas ele não os viu.

Não obstante, ele integrou tanto a fé em Deus como a moral cristã ao pensamento mais avançado. Até Nietzsche, em especial na Alemanha, tudo indicava que eles se esvaneceriam sem mais nem menos. Exclusivamente graças a ele, que agia fora da Igreja, Deus e a moral se tornaram uma vez mais questões de primeira ordem. Nietzsche levou gerações de jovens a se aproximarem novamente dessas questões, independentemente de eles concordarem ou não com suas ideias. Hoje se esquece que os conceitos morais eram então nada além de uma convenção impotente, complementada pelo tédio. Ele os tornou vivamente interessantes. Voluntária ou involuntariamente, conseguiu que as pessoas se indignassem moralmente, sem prejuízo de todas as exigências intelectuais. Ao contrário, são os indivíduos mais intelectuais os que mais intensamente se irritam com a brutalidade e a perfídia dos acontecimentos. Apenas um homem lhes proporcionou essa boa consciência: Nietzsche. Ainda que sobre isso pese o fato de ele, em sua afirmação da vida, ter enaltecido e encorajado os brutos e pérfidos. "No final das contas", expressão que ele sabia empregar, no final das contas, ele de modo algum desvalorizou a moral: deu a ela um valor superior.

Entretanto, em sua juventude, escrevera: "O cristianismo não consente que o pratiquem *en passant* ou por estar em voga". E ele, "aos doze anos, viu Deus em sua glória". Seria preciso viver a bem-aventurança da fé e o temor de sua superação; seria preciso provir da paróquia de Röcken, na região de Leipzig,* para poder tornar-se Nietzsche e deixar esses rastros.

---

* Nietzsche nasceu em 15 de outubro de 1844, em Röcken, onde seu pai era pastor. [N.E.]

A transvaloração

Ele considerava "indecente" ser ainda cristão nos dias de hoje. Isso significa condenar em termos morais uma postura que evidentemente é sempre gerada de novo pela natureza do homem, apesar do Iluminismo ou da ciência materialista. Pesquisadores como Pasteur eram crentes. O físico Paul Langevin luta publicamente a favor dos valores cristãos em uma época em que a brutalidade e a perfídia fazem-se passar por valores pagãos – quando de fato são a mais nua miséria. Nietzsche compartilhou claramente a superstição do século XIX, que de maneira surpreendente acreditou no caráter absoluto da ciência e dela esperava uma outra metafísica. Ele dizia, sim, que a ciência apenas descreve, e não explica; mas do que ela não logra explicar o filósofo se apropria. Em avanços semelhantes, ele nem sempre foi feliz, tendo uma ou duas vezes chegado às raias da comicidade.

Suas conjeturas sobre o pigmento negro da pele resultam na hipótese de que esse poderia ser "o último efeito de frequentes acessos de fúria acumulados ao longo de milênios". Eis aonde ele quer chegar: as estirpes mais inteligentes assustaram-se com tanta frequência que se empalideceram, e assim se mantiveram até os dias atuais. "Pois a inteligência se mede pela intensidade do medo."[1] O pigmento da pele é uma prova, entre tantas outras, de que o pensamento na verdade foi inventado por covardes; e a moral mais ainda. Se o heroísmo é colocado no lugar da fragilidade, então toda lei moral se torna imediatamente o seu contrário. Isso é questionável e não decide sobre a marcha real da história humana. Mas é o comando interior de um pensador que equipara os nobres e destemidos aos verdadeiros. O homem somente é verdadeiro no sentido da própria vida quando ele a assume em toda a sua dureza. É justamente por meio dessa dureza intrínseca que o nobre se torna verdadeiro, sem precisar perder tempo com palavras.

O niilismo de todas as religiões transcendentais deve ser contra a vida, sobretudo no caso do martírio, esse expediente dos fracos para satisfazer sua pulsão de poder. Ao que se poderia replicar que o mais requintado dos martírios é ser duro contra a sua própria condição. Nem

Deus, nem amigos, a extrema solidão, e além disso a pobreza e a doença, a renúncia pessoal a este mundo, o qual ele apenas em pensamento afirma e estima: na verdade ninguém conduziu a vida de modo mais martirizante do que Nietzsche – se pelo menos os outros heróis, os de fato senhores deste mundo, pudessem ter alguma ideia desse heroísmo lateral que tanta coisa superou, mas, antes de tudo, a si mesmo. O que teria dito um herói de sua predileção, o tão citado Bórgia, a um doente, se este tivesse sido incauto o bastante a ponto de fazer-lhe companhia? Nietzsche o saberia melhor que todos. Sua profissão de fé em relação ao poder em toda a sua estupidez estava sempre acompanhada de uma segunda e secreta voz que ele não era capaz de silenciar.

"Meu orgulho por outro lado é este: eu tenho uma *proveniência*."[2] E, como sendo da mesma proveniência, menciona Platão e até Jesus. Exclui Wagner – muito injustamente, pois foi quem em vida esteve mais próximo dele. Não que tenha diretamente sofrido por causa do redentor, mas sim por sua inclinação por uma música cujo motivo era a redenção. Isso, sobretudo isso, é que deve ser considerado em sua transvaloração dos valores morais. O renovador da cultura rejeitou o romantismo, o cristianismo, a compaixão, a ânsia pela redenção, bem como a monstruosidade ameaçadora, a sensualidade e a transcendência. Ele decidiu exigir e ser o contrário. Para com sua consciência disciplinada, sem falar da sua essência, ele foi destemido e duro, um grande senhor do espírito, leve e livre, "o homem mais independente da Europa",[3] soberano acima de sua enfermidade, forte em sua vontade de poder, seguro de sua perenidade. Tudo isso graças às suas virtudes, a primeira delas a honestidade: "Uma das virtudes mais recentes". "Observa-se bem que a honradez não faz parte das virtudes socráticas nem das cristãs."[4]

Deliberadamente Nietzsche "inventou" a si mesmo, seu significado e sua configuração, assim como, de acordo com ele, Goethe teria feito. Mas Goethe foi fruto do crescimento, não do pensamento; a fim de aperfeiçoar-se, deveria apenas despojar-se de uma honestidade estrita. No entanto, o propósito de mantê-la não é somente heroico; é louvável. Nietzsche está no auge de sua formação, que quase se tornara natureza, quando ele enumera suas virtudes: "As quatro virtudes: *honestos* com nós mesmos e com todos os que consideramos amigos; *valentes* contra o inimigo; *generosos* com o que foi vencido; sempre *corteses*: assim rezam as quatro virtudes cardeais".[5] Infelizmente essas não são virtudes para homens do poder e da afirmação da vida sem hesitações – vida cuja turbação é mais densa e cuja consciência é mais obscurecida. Mas não é o caso de fazer aqui restrições que Nietzsche, repleto de magnânimas contradições, não teria ele mesmo antecipado. Ele sabia "em que os mais nobres enganam-se".[6]

"Por fim, dá-se ao outro o melhor de si mesmo, o que se tem de mais precioso – e o amor doravante não tem mais nada a dar: mas aquele que recebe certamente não encontra aí o que é melhor *para ele* e, por conseguinte, lhe falta a plena e última gratidão com a qual conta o doador."[7] Quem aqui é o doador e a quem ele doa? Doar corretamente: presentear à vida independente e a uma hierarquia de nobres, que se julgam fortes, o seu próprio direito, que eles mesmos se outorgam, é um desperdício ingrato. Homens de todas as categorias, principalmente de alguma questionável, antes renunciarão publicamente às virtudes tradicionais, desde sempre incômodas, desde sempre resultantes de hipocrisia, no lugar de adotar de um pensador virtudes que são as suas próprias. Quantos não formariam coro com Nietzsche quando ele acentua: "Sim, nós odiamos a barbárie – nós todos preferimos a ruína da humanidade ao declínio do conhecimento!".[8] Nada disso se vê. "Nós todos" – de quem se trata? Para Nietzsche, somente para ele, a cultura era "inalienável", a única coisa que contava. Em geral a cultura tem sido vendida por um preço baixo, por preferirem as pessoas viver como bárbaros, em vez de se sacrificar pelo bem da civilização.

A afirmação

E ele contribuiu. Quando se tratava da decisão sobre seus "valores", ele optou pela guerra, explicitamente por guerras com muitos sacrifícios. "As muitas misérias de todos esses *seres pequenos* não constituem nenhuma *soma*",[1] constatou. O depauperamento e a barbárie que tomam conta de uma parte do mundo em decorrência do massacre de 10 ou 20 milhões de seres humanos – isso não forma nenhuma soma. Nietzsche previu o início de uma "era das guerras", da qual ele não fazia a menor ideia, por superficial que fosse, tampouco da espécie de gente que empreende guerras. Ele declarou: "Na era do *suffrage universel*,* ou seja, quando cada um pode julgar o outro e cada coisa, sinto-me impelido a restabelecer a *hierarquia*".[2] Ele posiciona no topo de sua hierarquia a nobreza intelectual,

---

* "Sufrágio universal", em francês no texto original. [N.T.]

mas precisamente essa, por causa da pureza de sua "linhagem", despenca para baixo, onde a violência domina e grassa. Após a subversão dos valores que ocorreu, parece fácil perceber tudo isso.

Para ele não era fácil. Situado em tempos de paz e deles cansado, ele queria dar a seus "fortes" e "nobres" oportunidade de se afirmarem em seu próprio terreno. "Já o próximo século trará a luta pela dominação da Terra",[3] anunciava a seus contemporâneos, que justamente quanto a isso faziam ouvidos moucos. Eles se comprazem no período de paz mais profundo da história moderna. Não tinham a mínima ideia, como o próprio Nietzsche, nem da guerra que deixamos para trás, tampouco de outra guerra, que ora se arrasta indefinidamente, camuflada sob a máscara da paz. O filósofo simplesmente não poderia imaginar essa combinação monstruosa de guerra e paz. Para ele, os homens fortes e nobres são valentes, e ponto; como ele veria esses covardes chantagistas que nos são tão familiares? Ele tinha que lidar com o "império" de Bismarck, para ele o fim da cultura alemã. Nunca formulou a questão sobre de que parte do mundo ainda poderiam provir os fortes e nobres tais como ele os concebia.

Em vez disso, certas recordações dos primórdios da era moderna, recordações equivocadas, levaram-no a declarar como proveitosa ao conhecimento a insegurança da posse, da honra e da vida. Segundo ele, "hoje todos nós vivemos comparativamente uma vida segura demais para podermos nos tornar bons conhecedores do homem [...]. Jamais ouvimos: 'Conheça ou pereça!'".[4] Não se pode mudar isso, era sua opinião. Ele a teria mudado, se tivesse vivido mais tempo. Teria constatado e experimentado que a divisa "Conheça ou pereça!" nunca teria sido dirigida a ele. A exigência real é assim: "Pereça juntamente com todos os outros! Seja o primeiro a perecer, tão logo nós, fortes e nobres, tenhamos medo de seu conhecimento! Nós, fortes e nobres, tememos tudo, mas acima de tudo o conhecimento. Nossos milenares ataques de medo branquearam nossa pele e alouraram nosso cabelo como você, homem de espírito, o supôs". Esse seria o discurso dos fortes e nobres ao seu filósofo, se hoje eles o tivessem em mãos, e tal discurso não lhe agradaria.

Para logo confessar o pior: ele recomendava ao bisturi do cirurgião "todos os que levantam suspeitas sobre o valor da vida". A castração é uma ideia desse enfermo tão pouco viril. Ele se surpreenderia se hoje visse por quem a castração está sendo conduzida e em quem. Os castrados, por sua natureza e mentalidade, são os homens; os que lhes infligem a castração constituem de corpo e alma a mais impotente escória. O filósofo postulava que o casamento deveria estar submetido ao controle médico: não se preocupem, eles já se apressam para implantar essa medida. Ordenou: "É preciso aprender com as guerras: trazer a morte para junto dos interesses pelos quais se luta. Isso nos dignifica".[5] Provavelmente Zaharoff,* comerciante de armas e vidas, merece respeito, para citar apenas um exemplo desse tipo de gente que deve ter chamado a atenção do filósofo, pois já era visível o bastante em sua época. Sem trégua, Nietzsche continua: "É preciso aprender a sacrificar *muitos* (o grifo é dele) e levar a sua causa suficientemente a sério, de modo a não poupar os homens".[6] É o que já acontece, e, caso ele não sentisse falta de mais nada, não teria do que reclamar.

Contudo, ele agora se queixaria; mais ainda, voltaria seu ódio e sua repugnância contra o mal que ele mesmo incubou e contra quem quer que evocasse seu nome. Uma das penas que lhe seriam infligidas consistiria em obrigá-lo a ouvir quais inteligências são hoje mencionadas junto à dele, porque, como ele, elas pregaram a violência. A mera

---

* Basil Zaharoff (1849-1936) foi um empresário de origem grega e negociante de armas que teve papel significativo na Primeira Guerra Mundial. [N.E.]

vizinhança de um Sorel* desonra Nietzsche, sem falar do que vem em seguida. Antes de tudo, esse tipo de gente a quem desde então foi conferida a posse da violência também por causa dele, infelizmente por causa dele: se fosse obrigado a vivenciar os detentores atuais da violência, teria pouco a ingerir e muito a vomitar. Desapareceria sua curiosidade quanto à "disciplina rígida", quanto a "violência e astúcia". Sua "besta loura" lhe ficaria presa na garganta. De qualquer modo ele nunca conheceu ao certo a cor do cabelo dela ou sua abjeta fisionomia. Nietzsche não voltaria a dizer muita coisa sobre sua "afirmação". "O crescente apequenamento do homem é justamente a força propulsora para se pensar na criação de uma raça mais forte."[7] Nesse ponto, até mesmo sua linguagem se deteriora, como seria de se supor, quando o pensamento é falso. "Apequenamento" como "força"?

Ele não voltaria a dizer que a "espécie superior" tem obrigações apenas consigo mesma e de modo algum com a condução das espécies inferiores e menos ainda com o

---

* Georges Sorel (1847-1922) foi um pensador socialista que defendia a importância da violência para o processo histórico, como no livro *Réflexions sur la violence* (1906). Apesar de inclinada ao marxismo, a obra de Sorel foi reivindicada por Mussolini como uma das que estimularam suas ações políticas. [N.E.]

bem-estar delas. Bastaria que observasse a "espécie superior" na época que se seguiu à dele: estaria informado sobre "vontade, responsabilidade, autoconfiança, capacidade de definir metas próprias".[8] Tudo isso será, quando muito, fingido por subordinados, *hommes de main*,* sem missão válida, sem legitimidade interna, sem boa consciência. Naturalmente ninguém se transforma em um *viking* por meio de mera infâmia. Independentemente disso, um pensador não deve invejar nem mesmo convocar o *viking* histórico: pois a existência deste último não teve sentido, porque foi sem função e sem interesse coletivo. Não resta nenhum rastro do *viking* nem da quilha de suas embarcações nos mares. Resta somente esta questão: por que um conquistador de eternidades escolheu como parábola homens que menos rastros nos legaram? Nietzsche, em seus severos pensamentos, chegou até a destruição da estirpe humana, a fim de que um "além-do-homem" a substituísse, o que significa uma metafísica terrena e que lhe assenta muito bem, a ele e a ninguém mais. Por que então parábolas que nem ao menos provêm das mais elevadas esferas da humanidade?

---

* "Capangas", em francês no original. [N.T.]

Ele se reportava a César Bórgia, filho do papa que teria se alçado ao trono sagrado para que o cristianismo se desmentisse por seu intermédio. Assim, a história moderna em seus primórdios, ou seja, no Renascimento, antecipou tudo com ímpeto. Depois nada mais se inventou, apenas se executou com toda a minúcia e se repetiu – se ao menos essas repetições tivessem tido êxito por toda parte. O cético, o revolucionário, o prodigioso artista, bem como o democrata e o socialista, e por que não o fascista: todos naquela época se candidataram à posteridade com um esplendor que só os antigos tinham, servindo de modelo pelos séculos seguintes. O César do filósofo quando muito ocupa um lugar nas últimas fileiras. Sua falta de escrúpulos era um exemplo perfeito, mas não levou a nada. Quis tornar-se o tirano da Itália. Em vez disso, terminou seus dias no anonimato, em uma trincheira espanhola. O seu saldo mais óbvio consiste em alguns envenenamentos inúteis. Foi por essa figura de aventureiro infeliz que se entusiasmou o criador do "além-do-homem". Ela simbolizava para Nietzsche a afirmação da vida.

As parábolas que alguém escolhe para nelas se representar denunciam o que há de melhor sobre sua própria espécie, seja ela espontânea ou voluntária, seja ela arbitrária ou natural. "O homem livre é amoral",[9] dispõe

Nietzsche, que justamente não o era. "A história trata quase exclusivamente desses homens maus, os quais mais tarde serão considerados bons!"¹⁰ As coisas não se passam exatamente assim, e Nietzsche tinha condições de sabê-lo. E ele, que em termos espirituais era mais afinado com a França do que com a Itália, todavia nunca, em lugar algum, mencionou o rei francês Henrique IV – o príncipe do Renascimento, único e singular, o discípulo imediato e amigo do mesmo Montaigne que de longe ainda influenciou o filósofo do poder. Mas o rei Henrique agiu conforme sua natureza quando se deixou guiar por Montaigne: "Todas as ações fora dos limites habituais estão sujeitas a uma interpretação funesta, uma vez que nosso gosto não admite nem o que está acima nem o que está abaixo dele".¹¹ E sobre os melhores meios de se tornar um príncipe: "Que ele irradie humanidade, verdade, lealdade, temperança e sobretudo justiça: características raras subestimadas e exiladas. É somente a vontade dos povos que ele pode com êxito transformar em suas ações; e nenhuma outra qualidade pode, como aquelas, conduzir a vontade dos povos a ele, pois são os mais úteis. Nada é tão popular quanto a bondade".¹² As últimas palavras são tomadas de empréstimo de Cícero:*

---

* *"Nihil est tam populare quam bonitas"*, em Cícero, *Pro Ligario*, 37. [N.E.]

a bondade, sabedoria antiga e conceito pagão do poder, antes de virar conceito cristão. A afirmação da vida pode também soar assim, sinal de um espírito em uníssono com o coração. Nietzsche violentou seu coração; seu "sim" soa estridente. O sucesso não é critério, estima-se um homem a partir do coração e da vontade. Montaigne: "O valor de um homem e a estima que nos inspira medem-se pelo seu caráter e a força de vontade".[13] Se Nietzsche tivesse pelo menos atinado ao sucesso, ele teria notado que pouco resta dos primórdios da Europa moderna, não há nenhum vestígio de qualquer Bórgia; preservada está a França, tal como um rei, junto com seu povo, a constituiu, um rei que já era democrata e tendia ao socialismo. Mas Nietzsche achava-se impingido a "superar" tudo o que encontrou em sua época. Em geral chamava a tudo isso de *décadence*.*

---

* "Decadência", em francês no original. [N.T.]

A simplicidade

Durante décadas ele usou o termo *décadence,* tomado dos contemporâneos franceses; a origem da expressão tem pouca importância. Mas Nietzsche a utiliza em um sentido mais amplo e mais profundo do que seria de esperar. Sobretudo ele reconhece na decadência uma fase necessária no processo de vir-a-ser e perecer. "O fenômeno da *décadence* é tão necessário quanto qualquer começo e avanço na vida."[1] Ele se indigna contra os "socialistas sistemáticos", porque eles "pensam que poderia haver circunstâncias, 'combinações' sociais, em que o vício, a doença, o crime, a prostituição, a *miséria* não mais vicejassem... Mas isso significa condenar a vida",[2] exclama ele entrementes e afirma: "Não depende do arbítrio de uma sociedade manter-se jovem [...]. Não se abole a idade através de instituições. Tampouco a doença. Tampouco o vício",[3] ele assevera, e nesse ponto tem razão. Contudo, instituições abolem algumas coisas, como agora se sabe, e ele se recusou a prever isso. É possível que instituições diminuam tão somente por um breve período de tempo a porção de infelicidade humana, e apenas a parcela acessível a elas. A objeção às "instituições" socialistas torna-se, porém, suspeita tão logo se sabe que o orador de modo algum as deseja e que, segundo ele, "as muitas misérias de todos esses *seres pequenos* não constituem nenhuma *soma*".[4]

Por *décadence* ele entende, antes de tudo, o pessimismo; quem esboça, porém, o quadro mais negro do destino humano? Como seus rivais ele aponta Schopenhauer, ao lado de Bismarck e do Reich, uma sagaz aproximação de grandes instâncias que não se conheceram. Wagner, seu primeiro "rival" e com quem treinou para todos os demais ódios, é novamente posto de lado. Sem dúvida, ele também passou a abominar cada vez mais o Reich, da mesma maneira que um filósofo ou um músico pessimista: com certeza pelas mesmas razões. O Reich se armava; transformava em "ouriço de disposição heroica"* uma nação que

---

* A expressão é de Nietzsche ("*heroisch gestimmter Igels*"), em carta a Reinhart von Seydlitz, de 12/2/1888. O trecho diz: "Também dessa vez parece um formigueiro de folgados, gregos e outros filósofos, um formigueiro de 'aparentados a mim': e Deus, com o cinismo que lhe é próprio, deixa seu sol brilhar sobre nós mais lindamente do que sobre a tão mais >

tivera pensadores. O império incentivava o nacionalismo: aqui assoma em Nietzsche o nacionalismo, mas como uma doença, entenda-se. "O estranhamento doentio que a loucura do nacionalismo instalou entre os povos europeus e ainda instala"[5] – a isso ele chama de "política do entreato". Nacionalismo e "império" – ouve-se nas entrelinhas o que ele de fato tinha a censurar: ambos emburrecem o cérebro e o tornam excessivamente enfurecido. A música – a romântica, não a "genuína" – lhe revela a mesma podridão: perigosa pelo excesso. Para ele o exato oposto de *décadence* é o pensar claro e livre. Decadência é tudo o que torna servil o pensamento, em particular um Estado mais preocupado consigo do que com a cultura. Como Estados que agem diferentemente são raros, Nietzsche decide: "A cultura e o Estado – não nos enganemos sobre isso – são antagonistas".[6]

Eis aqui, enfim, o Nietzsche que, outrora, havia dado a uma juventude esquecida a autorização e os meios para que ela se apartasse e se libertasse, o que levou, por conseguinte, nos melhores casos, a novas e independentes realizações.

> respeitável Europa do senhor Von Bismarck (Europa que trabalha com virtude febril em seu armamento e apresenta o perfeito aspecto de um ouriço de disposição heroica)". [N.E.]

Deve-se dar mais ouvidos a esse Nietzsche do que ao que se pronuncia de outra forma. Essas são suas verdadeiras experiências com a liberdade de pensamento e a "dura existência da servidão". Pois a dureza, outrora tão enaltecida, torna-se de repente a coisa mais condenável no momento em que uma força não intelectual pretende escravizar o pensamento. O Reich que Nietzsche conheceu lidava com ele de maneira branda. Por meio de "instituições", que afinal influem em nossa felicidade ou infelicidade, ele refreava Nietzsche sem se dar conta do que estava fazendo. O modo como a inteligência era vista no país – pelo qual o Reich é, junto com outros fatores, em parte culpado – retardou por longo tempo a grande fama de Nietzsche. O aspirante à grande glória sofreu com isso. Mas ele não foi perseguido nem proibido de escrever, mesmo que o fizesse contra o Reich. Isso mudou desde então, como se vê e se pode sentir de múltiplas maneiras, intelectualmente, fisicamente, dentro e fora do Reich, que em breve não permitirá nada mais que lhe seja exterior.

A juventude de hoje e de ontem tem todos os motivos para retornar a um *"grand seigneur* do espírito"* que consi-

---

* Frase do próprio Nietzsche referindo-se a Voltaire e a si mesmo: "Com efeito, Voltaire, em oposição a todos os que depois dele escreveram, >

derava Voltaire um igual e a ele escreveu uma dedicatória, agora omitida.* Os novos leitores aprenderam com Nietzsche, porém, a paixão pelo conhecimento, nada além disso! Não há em sua obra outra coisa que tenha sido tão plenamente vivida e refletida com precisão. Ele era experiente no serviço à palavra, na luta e no sofrimento pela palavra. Conhecia melhor o sofrimento que a vitória. Quanto à sua afirmação da vida, ela é resultado da fuga do sofrimento em direção ao mundo desconhecido dos senhores da Terra, e que senhores. Aliás, fica a questão de quem seriam, para ele, de fato, os senhores do futuro. Ele se manifestou sobre o trabalhador – de maneira pouco socialista, mas no sentido da ditadura do proletariado. Em "Do futuro do trabalhador" não há interrogações nem hesitações: "Trabalhadores deveriam aprender a sentir à maneira dos soldados. Um honorário, um salário, mas nada de pagamento! Nenhuma relação entre pagamento e desempenho! Mas, sim, posicionar o indivíduo *conforme sua natureza*, para que ele possa *atingir o melhor* desempenho ao seu alcance".[7]

> é acima de tudo um *grand seigneur* do espírito: exatamente o que eu também sou". Ver: *Ecce Homo*, capítulo "Humano, demasiado humano", 1. [N.E.]

* A dedicatória constava da primeira edição de *Humano, demasiado humano*, de 1878, e foi suprimida nas edições seguintes. [N.E.]

Mais: "Os trabalhadores devem viver um dia como agora vivem os burgueses; mas *acima* deles, marcados pela sobriedade, *a casta superior*: ou seja, mais pobres e mais simples, mas *em posse do poder*".[8] Somente a conclusão não foi grifada por ele próprio: basta que ele tenha chegado até ela; e isso está em *A vontade de potência*, sua obra mais importante, sua última palavra.* Ele honra os trabalhadores como a si mesmo, exige deles algo tão difícil e grande como do homem do conhecimento: ascese voluntária. "Todos somos trabalhadores", admite com orgulho.** Ele tinha mais razão do que supunha para sentir orgulho.

* *A vontade de potência*, publicado pela primeira vez na Alemanha em 1901, foi organizado, a partir de vários manuscritos de Nietzsche, por sua irmã, Elisabeth Förster-Nietzsche, que apresentou o livro como a obra máxima do filósofo. Pesquisadores afirmam, porém, que ele nunca finalizou tal projeto. Para os filólogos italianos Giorgio Colli e Mazzino Montinari, organizadores da obra completa do filósofo, *A vontade de potência* é uma uma falsificação histórica – o que não evitou que o livro ganhasse diferentes versões no século XX e fosse muito lido e citado. [N.E.]

** A frase "Todos somos trabalhadores" é, de fato, do socialista alemão Ferdinand Lassale (1825-1864), no *Arbeiterprogram* (programa operário), de 1862. Ela aparece, entre aspas, em *A gaia ciência*, de 1882, no livro 3, aforismo 188: "Trabalho – Quão próximos de nós agora, mesmo dos mais ociosos, o trabalho e o trabalhador! A nobre polidez contida nas palavras 'todos somos trabalhadores' não teria sido senão indecência e cinismo sob o [reinado] de Luís XIV". [N.E.]

Prometer a uma nova casta, conforme o modelo dos oficiais prussianos pobres e sóbrios de outros tempos, a posse do poder: isso era válido havia cerca de meio século, e desde então transcorreriam trinta anos até que começasse a se concretizar. O pré-requisito dessas sentenças geniais é uma simplicidade humana que por fim se alcança após ter suportado complicações; é preciso tê-las superado para, finalmente, de modo genial, ser simples.

Nietzsche revelou todas as visões e perspectivas possíveis. Ele foi sensível, contraditório, sempre honesto. Cada um de seus conhecimentos encontra, em sua época, complementação no que lhe é exatamente contrário: exceto suas reflexões sobre o trabalhador. Suas ideias sobre os trabalhadores seguem-se umas às outras com intervalos, em um plano ascendente, mas em ordem inalterável. Começa criticando as classes superiores pela "questão operária", que em geral elas admitiram por equívoco de seus instintos. Essas classes poderiam ter transformado os trabalhadores em "chineses", o que até mesmo teria sido "o correto". Perdeu, está perdido. A classe que se tornou uma "questão", e que ademais foi levada à competência militar, lutará sem cessar, valendo-se dos direitos conferidos por outros direitos. O próximo aspecto no qual Nietzsche se detém: impaciência, indignação em nome da razão e da classe operária. "A classe impossível" é a dos trabalhadores, "que devem emigrar e vagar até se tornarem senhores" em algum lugar. "A Europa deveria se aliviar, abrindo mão de um quarto de sua população."[9] Na época isso até teria sido possível. Como não aconteceu, e a "classe impossível" não queria se estabelecer em algum lugar, mas sim aqui, foi o próprio Nietzsche que não somente a ela conferiu o poder total como o impôs como dever: foi ele o primeiro a fazê-lo de fora do socialismo. Da mesma maneira, foi ele o único de fora da Igreja que considerou o cristianismo em sua verdadeira plenitude e grandeza.

Pois ele próprio possuía grandeza de sentimentos; mas a grandeza, a sua e qualquer outra, exige simplicidade. Não se é grande por mera força de vontade, embora Nietzsche assim também tenha pensado. Criação e, "por outro lado", destruição, eis o equívoco de um espírito superior a respeito de si mesmo e de sua natureza. A grandeza se deixa identificar pela rigorosa modéstia, com a qual serve a todos e os ajuda a se elevar, porque está acima de todos e apesar de estar acima deles. Reconhecer e exprimir verdades simples; prometer e dar aos homens uma felicidade simples: o maior dos homens nada pode quanto a isso, ou pode somente se abster. Nietzsche ordena, pois, à sua "casta superior": para obter a posse da potência, seja pobre, mantenha-se simples e pobre. Essa é, portanto, concernente a esse pensador, a última palavra e o término da sua tragédia tão grave como bela. Ele lutou para se afastar de um ambiente de decadência; para aceitá-lo, era doente demais, embora considerasse a si mesmo são demais. Por que ele amou e odiou Wagner? Porque este era suficientemente preparado para resistir à *décadence*, com cujos estímulos ele soube enriquecer sua obra colossal.

Nietzsche, impelido de lá para cá entre ciência e cristianismo, ceticismo, fé e superstição, negação e afirmação, genialidade artística, arrogância intelectual, pretensão a uma glória ilimitada, com relação a tudo o mais ainda padecia da atração torturante e prazerosa pela eternidade.

Eterno

É fato que um doente aceita e ama seu fado a ponto de desejar que ele nunca acabe. Nietzsche queria ser imortal da maneira como era, com todos os seus problemas físicos, a fragilidade psíquica que ele constantemente precisava dominar, a sua solidão, o ódio que o importunava, a sombra de amigos que nunca apareciam e de mulheres que nunca poderiam oferecer cálidas ilusões a esse homem frio. Uma existência suportável apenas graças às artes de sua vontade, à interpretação e à superação: ele se persuadiu de que ela seria boa e valeria a pena repetir-se, e não somente uma única vez. Em meio a esse caos mortal, do qual não conhecemos nem o começo nem o fim, ele estava seguro de ser eterno na Terra. Ainda que não nos inclinemos diante de suas outras aparências, é necessário fazê-lo diante do Nietzsche que, em virtude do seu consentimento, *amor fati*, finalmente se tornou imortal.

Ele foi de início um doente comum, sujeito à depressão nervosa, fenômeno que se disseminava no último terço do século. A medicina não conseguia acompanhar, ignorava-se o centro nervoso mais importante, não havia uma terapia do [sistema nervoso] simpático. Aos 25 anos, Nietzsche foi nomeado professor na Basileia. Dez anos mais tarde – no entretempo houve Wagner –, Nietzsche se afastou da função, dos seres humanos e, particularmente, dos médicos. Ele tinha então apenas mais dez anos para completar tudo o que exigia de si mesmo: uma obra, a potência por meio de uma obra; ofuscar qualquer outra glória; ser imortal e, por isso, saudável. De seus diversos padecimentos ele construiu uma nova e superior condição de saúde – e afirmou estar curado. Na verdade, a doença pode ser saúde interior e vice-versa. Saúde é algo pessoal; é aquilo que pode ser útil a um homem e a uma tarefa, mesmo que para outros signifique doença. Nisso ele insistia peremptoriamente: "Falta-me todo e qualquer traço doentio; inclusive em tempo de doença grave eu não me tornei doente".[1]

A obra de um homem são precisa, segundo ele, se desenvolver com facilidade – um equívoco. A vida dos saudáveis traz consigo dificuldades suficientes. Enfim, ele negava que estivesse se esforçando. Dizia praticar uma profissão leve, quase o ócio. Logo fica claro em quem ele pensava e estava sempre a pensar. Um trabalhador, que servia intensamente à sua obra colossal, era Wagner. A obra colossal não somente tinha força, como também densidade. Em conversa com Wagner, Lenbach, o pintor que o retratou, disse: "Sua música é uma carruagem que leva ao céu". Em consequência – uma consequência que leva longe –, a obra conduziu, no final das contas, à loucura: seu antagonista, Nietzsche, "não tinha liberdade" para ter embaraço ou sentir cansaços ou abalos. Precisava, no sentido figurado ou literal, ser um dançarino, com articulações flexíveis, com ideias ágeis. Admitia pensamentos somente no sentido de "evoluir", mas poderia ter dito: "ascender".

Dioniso, um deus trágico que Nietzsche transfigurou até que a vida fosse por fim dionisiacamente justificada, "mesmo no que ela tem de mais terrível, ambíguo e mentiroso",[2] essa figura da alegria amoral, da leveza, se tornou para o sofredor o símbolo de sua própria natureza, "a natureza suprema de toda a existência".[3] "A todos os abismos levo ainda a bênção de minha afirmação."[4] E ele tinha razão, tendo em vista as conquistas. Manteve a razão até o surgimento da loucura, que ele nunca previra. Pouco tempo antes, ele esperava morrer de apoplexia, com que expunha uma fraqueza, como não se pode negar;

o que comprometeu de maneira ruim a sua bênção afirmativa. Ele esperava morrer rapidamente. Entretanto, dominava seus pensamentos, mesmo quando dionisiacamente os exaltava. Seus pensamentos nunca se desviaram, nem mesmo em *Ecce Homo*. Nessa obra tratou de si mesmo como, após dois milênios, poderia ter feito o idólatra de um Deus morto. Não era ele o Deus? Se se quer uma grande obra e uma grande vida, então se quer igualmente o seu fim. Em 1880, ele foi o único que teve a surpreendente visão da iminente crise mundial. Em 1888, em uma carta na qual sua razão não mais controla suas palavras, queria "amarrar o Reich em uma camisa de ferro e desafiá-lo a uma guerra de desespero".[5] Isso era loucura tão somente quanto à data, e uma loucura repleta de pressentimento.

Ele antecipou a maior parte dos acontecimentos. Estava certo da sua grande glória quando ninguém o conhecia e os poucos amigos sentiam-se aliviados ante qualquer pretexto para se afastar de um ser inquietante – inquietante precisamente pelo vasto futuro que tinha à frente. Ele se lançava na direção de cada menor sinal de glória, tremendo diante de qualquer protelação. "Também com relação a mim, os alemães sempre tentarão fazer com que um prodigioso destino dê à luz um rato."[6] Tudo isso pressupõe, em primeiro lugar, que acreditava na glória. Todavia, a glória é um conceito clássico-romântico: os modernos a entenderam de modo diferente. A glória abrange em si variações, mal-entendidos, máscaras embalsamadas, e redunda em uma palavra vazia. A glória é muito semelhante ao túmulo. Mas Flaubert exclamava: "Para criar obras duradouras, não se deve rir da glória". E Nietzsche a considerava sagrada. Nenhum dos dois estimava muito os seres humanos, mas ambos tinham a si próprios em alta conta. Podemos supor que não foi por causa dos homens, mas devido ao ciúme da glória dos antecessores, que eles exigiam também ser acolhidos entre os bustos que vivem mais do que as cidades. Gautier: "*Le buste survit à la cité*".*

Nietzsche viu Wagner e somente Wagner. Sobre *Parsifal*: "Um golpe de gênio da sedução".[7] Todavia, com o tempo, cada vez mais: "Sinto um abalo toda vez que penso nisso".[8] Quem se atrevesse a fazer sua própria avaliação de Wagner: "Gentalha irreverente". E mais: "Não ousaria me comparar com W[agner] – pertenço a uma categoria superior".[9] E resta ainda: "Foi com verdadeiro horror que me dei conta de meu parentesco tão próximo com W[agner]".[10] Isso, pouco antes de tudo se acabar para ele.

---

* Os dois versos do poema "L'art" [A arte], de Théophile Gautier, estão em francês no original: "O busto/ sobrevive à cidade". [N.E.]

Acima de tudo: "Eu o amava e a ninguém mais. Ele era o homem afeito ao meu coração".[11] Todavia, o verdadeiro horror é a morte de Wagner ter sido "um alívio" para ele, herdeiro da glória singular, que lhe pesava. "Ao final, se não me engano completamente a respeito de meu futuro, sobreviverá sob minha influência a melhor parte da influência deixada por Wagner."[12] Sim, mas havia Verdi. "A música é minha precursora", o que não era de todo certo, pois com ele e ao seu lado outro comprovou "que é possível sentir ao mesmo tempo estas três coisas: elevação, luz profunda e cálida e deleite da mais alta lógica!".[13] Quando se realizou o que exigia, ele ignorou. A morte de Wagner não o libertou.

A glória nessa acepção é a imortalidade terrena, que não é menos duvidosa que a imortalidade celeste. Mais que isso, sua origem é a mesma: a glória do homem criador confirma o criador divino. Basta que vários heróis dos novos tempos tenham esperado a recompensa de seu grande empenho e seus árduos esforços: eles exigiam ser imortais, no aqui ou no além, se possível em ambos. Nietzsche se contentava com a imortalidade terrena: não era, porém, uma reivindicação modesta, pois ele não queria sobreviver apenas intelectualmente. Inventou uma doutrina que lhe permitia retornar eternamente, em pessoa – e afinal permanecer sempre aqui. Para os mortos, bilhões de anos não valem sequer um dia. Se, após milênios, um deles se ergue e, da cabeça aos pés, mantém a aparência de morto, então é porque nunca partiu. A porta pela qual se foi permanece aberta; sua sombra ainda se movimenta aqui dentro: logo ele surge no limiar que acabara de deixar. Essa é a ideia. Não teria ele entendido que a ideia foi tomada de empréstimo da fé na salvação eterna e que ele a modificou, e não em benefício próprio? Imaginamos os mortos bem-aventurados livres de suas vicissitudes terrenas e dores. O Nietzsche renascido, porém, será o mesmo: sofrerá e vencerá como da primeira vez, e assim indefinidamente. A possibilidade de fugir dos seus equívocos não lhe é dada, e seus males permanecem incuráveis.

    A afirmação de que a crença traz felicidade e que ela também seja por sua vez uma crença – alguém ouviu Nietzsche dizer isso. A afirmação de que a crença traz infelicidade nos obriga, mal tenhamos sido enterrados, a repetir a mesma vida muito bem conhecida – mas essa crença é de outra natureza. Ela é cientificamente fundamentada. A ciência do século XIX a defende com vigor e com alarde. "O princípio da conservação da energia requer o *eterno retorno*."[14] Essa é a descoberta do filósofo que, na sola de seu sapato, levará consigo o século XIX até a eternidade.

"O mundo como força não deve ser pensado sem limites; nós nos proibimos o conceito de uma força *infinita por ser incompatível com o conceito de força*. Portanto, ao mundo falta igualmente a capacidade para a novidade perene."[15] Um humorista sagaz chamado Morgenstern captou a mesma coisa em um verso: "Não *pode* ser o que não *deve* ser".* O princípio da conservação da energia promete aos mortos, na melhor das hipóteses, que em seu túmulo nascerá uma árvore com frutos. O eterno retorno? Para definir e defender o eterno retorno foi necessário Nietzsche, o único, que jamais retornou.

Ele impôs a si mesmo a obrigação de legar uma doutrina, o que significa tradicionalmente produzir uma crença. A ciência deve fundamentar essa crença; mas, na verdade, como sempre, quem o faz é a pessoa. "Eu tentei negar tudo; oh, derrubar é fácil, mas construir!"[16] Aqui as raízes ficam expostas. Em meio à pompa de sua grandeza solitária, ele tinha as mais sinceras dúvidas a respeito de sua própria fecundidade. Contudo ele queria, à sua severa maneira, ser útil. "Quem quer viver outra vez uma única experiência deve desejar viver novamente todas as

---

* Christian Morgenstern (1871-1914), poeta e escritor alemão, em "Die unmögliche Tatsache" [O fato impossível], grifos de Heinrich Mann. [N.E.]

demais."[17] Sua doutrina "deve ser a religião das almas mais livres, mais alegres e mais elevadas – um prado encantador entre o gelo dourado e o céu límpido!".[18] Exigia coragem, e foi ele próprio corajoso ao enfrentar uma imortalidade que não consola e uma terrível eternidade. "Imortal é o instante em que eu concebi o [eterno] retorno. Por amor desse instante eu suporto o [eterno] retorno."[19]

Que ele descanse em paz.

Notas da edição brasileira

COMO ELE VIA A SI MESMO

1 Nietzsche, Friedrich. Carta a Franz Overbeck, 20/7/1888.
2 Idem, Carta a Carl von Gersdorff, 15/4/1876.

A LIMITAÇÃO

1 Nietzsche, Friedrich. Carta a Peter Gast, 15/1/1889.
2 Idem, Carta a Elisabeth Förster-Nietzsche, 20/12/1885.
3 Idem, *Ecce Homo*, capítulo "Por que escrevo tão bons livros", 4.
4 Idem, *Nietzsche contra Wagner*, capítulo "Uma música sem futuro".
5 Idem, ibidem.
6 Montaigne, Michel de. *Ensaios*, livro III, capítulo 5.
7 Idem, capítulo 9, "Da vaidade".

WAGNER

1 Nietzsche, Friedrich. Carta a Elisabeth Förster-Nietzsche, 3/2/1882.

SEU CRISTIANISMO

1 Nietzsche, Friedrich. *Aurora*, livro 3, 192 ("Desejando adversários perfeitos"), grifos de Nietzsche.
2 "Nós, os destemidos", título do livro 5 de *A gaia ciência*.

A TRANSVALORAÇÃO

1 Nietzsche, Friedrich. *Aurora*, livro 4, 241 ("Medo e inteligência").
2 Idem, *Fragmentos póstumos*, outono 1881, 15 [17], grifos de Nietzsche.
3 Idem, Carta a Franz Overbeck, 30/4/1884.

4 Idem, *Aurora*, livro 5, 456 ("Uma virtude futura").

5 Idem, *Aurora*, livro 5, 556 ("As quatro virtudes"), grifos de Nietzsche.

6 Idem, *Aurora*, livro 5, 445 ("Em que os nobres enganam-se").

7 Idem, ibidem.

8 Idem, *Aurora*, livro 5, 429 ("A nova paixão").

A AFIRMAÇÃO

1 Nietzsche, Friedrich. *Fragmentos póstumos*, primavera 1884, 25 [342], grifos de Nietzsche.

2 Idem, *Fragmentos póstumos*, verão/outono 1884, 26 [9], grifos de Nietzsche.

3 Idem, *Para além do bem e do mal*, 6ª parte ("Nós, os doutos"), 208.

4 Idem, *Aurora*, livro 5, 460 ("Utilizar suas horas perigosas").

5 Idem, *Fragmentos póstumos*, primavera 1884, 25 [105].

6 Idem, ibidem.

7 Idem, *Fragmentos póstumos*, outono 1887, 9 [105].

8 Idem, ibidem.

9 Idem, *Aurora*, livro I, 9.

10 Idem, *Aurora*, livro 1, 20.

11 Montaigne, Michel de. *Ensaios*, livro II, capítulo 2.

12 Idem, capítulo 17, "Da presunção".

13 Idem, livro I, capítulo 30, "Os canibais" (coleção Os Pensadores, p. 108, tradução de Sérgio Milliet).

A SIMPLICIDADE

1 Nietzsche, Friedrich. *Fragmentos póstumos*, primavera 1888, 14 [75]. Em francês no original: "decadência".

2 Idem, ibidem, grifos de Nietzsche.

3 Idem, ibidem.

4   Idem, *Fragmentos póstumos*, primavera 1884, 25 [342], grifos de Nietzsche.
5   Idem, *Para além do bem e do mal*, 8ª parte ("Povos e pátrias"), 256.
6   Idem, *Crepúsculo dos ídolos*, livro 8, 4 ("O que falta aos alemães").
7   Idem, *Fragmentos póstumos*, outono 1887, 9 [34], grifos de Nietzsche.
8   Idem, *Fragmentos póstumos*, verão 1883, 9 [47].
9   Idem, *Aurora*, livro 3, 206 ("A classe impossível").

ETERNO

1   Nietzsche, Friedrich. *Ecce Homo*, capítulo "Por que sou tão inteligente", 10.
2   Idem, *Fragmentos póstumos*, outono 1887, 9 [42].
3   Idem, *Assim falou Zaratustra*, capítulo "Das velhas e das novas tábuas", 19.
4   Idem, *Assim falou Zaratustra*, capítulo "Antes do nascer do sol".
5   Idem, Carta a Franz Overbeck, 26/12/1888.
6   Idem, *Ecce Homo*, capítulo "Crepúsculo dos ídolos", 3.
7   Idem, *O caso Wagner*, pós-escrito.
8   Idem, Carta a Elisabeth Förster-Nietzsche, 22/2/1887.
9   Idem, *Fragmentos póstumos*, outono 1881, 12 [8].
10 Idem, Carta a Heinrich Köselitz, 25/7/1882.
11 Idem, *Fragmentos póstumos*, abr./jun. 1885, 34 [254].
12 Idem, Carta a Malwida von Meysenbug, fev. 1882.
13 Idem, *Aurora*, livro 5, 461 ("*Hic Rhodus, hic salta*").
14 Idem, *Fragmentos póstumos*, verão 1886/outono 1887, 5 [54], grifos de Nietzsche.
15 Idem, *Fragmentos póstumos*, jun./jul. 1885, 36 [15], grifos de Nietzsche.
16 Idem, "Fatum und Geschichte" (Fatum e história), ensaio de 1862.
17 Idem, *Fragmentos póstumos*, outono 1884/início de 1885, 29 [54].
18 Idem, *Fragmentos póstumos*, primavera/outono 1881, 11 [339].
19 Idem, *Fragmentos póstumos*, nov. 1882/fev. 1883, 5 [205].

Este livro foi composto na fonte Albertina
e impresso em dezembro de 2016 pela Intergraf,
sobre papel pólen bold 90 g/m².